Que vuestros corazones florezcan

Discurso pronunciado por

Sri Mata Amritanandamayi

En el Parlamento de las Religiones del Mundo
En septiembre de 1993, Chicago

Que vuestros corazones florezcan

Discurso pronunciado por Sri Mata Amritanandamayi
en el Parlamento de las Religiones del Mundo
en septiembre de 1993, Chicago, Estados Unidos

Pulicado por:

Mata Amritanandamayi Center
P.O. Box 613
San Ramon, CA 94583
Estados Unidos

———————— *May Your Hearts Blossom (Spanish)*————————

Copyright © 2010 Mata Amritanandamayi Mission Trust
Amritapuri, Kollam 690 546, Kerala, India

Dirección en España:

www.amma-spain.org
fundacion@amma-spain.org

En la India:

www.amritapuri.com
inform@amritapuri.org

Índice

Retrato de la Madre Divina

He aquí a una joven mística accesible a todos y a cada uno con la cual se puede conversar y en cuya presencia uno puede sentir a Dios. Ella es humilde, pero firme como la Tierra. Ella es sencilla, pero hermosa como la luna llena. Ella es la encarnación del Amor, la Verdad, la renunciación y el sacrificio de sí mismo. Ella no solamente enseña, sino que pone en práctica Sus enseñanzas en cada momento de Su vida. Ella da todo y no recibe nada. Ella es una Gran Maestra y una Gran Madre. Así es Mata Amritanandamayi.

Amma nació con plena conciencia de la Verdad Suprema. Habiéndose sometido a la más rigurosa disciplina espiritual, o habiéndolo hecho para dar un ejemplo (no sabemos cual de los dos), abrazó después al mundo entero con un amor y una compasión de dimensiones indescriptibles:

con el amor y la compasión que son la esencia misma de Su ser.

Desde Su más tierna infancia el amor a Dios La consumía. Sin tener ningún Gurú o guía, Ella por sí misma se sumergió en la búsqueda de la Madre Divina y del Padre Divino. Soportó con firmeza los constantes malos tratos de Su familia, de los aldeanos, y de los escépticos, ninguno de los cuales fueron capaces de comprender Su innata grandeza. Sola, en medio del campo de batalla, afrontó imperturbable todos los obstáculos con gran coraje, paciencia y un amor permanente hacia todos.

A la edad de 21 años manifestó externamente Su estado de Unión con el Ser Supremo, y a los 22 comenzó a iniciar en la vida espiritual a los buscadores de la Verdad. Para la edad de 27 años Amma ya había establecido la sede central de Su misión espiritual internacional, en la misma casa donde había nacido. Cinco años más tarde había ya casi 20 *âshrams* a lo ancho de la India y en el extranjero. En 1987, respondiendo a la invitación de sus devotos de América y de Europa, Amma realizó su primera gira mundial, inspirando y elevando espiritualmente a innumerables personas alrededor del mundo. Entonces Ella tenía 33 años.

La vida entera de Amma es un ejemplo incomparable de desprendimiento y de amor incondicional. A lo largo de décadas de servicio infatigable, Ella ha aconsejado y consolado personalmente a millones de personas que estaban sufriendo, pertenecientes a todas las clases sociales y provenientes de cualquier parte del mundo. Con Sus propias manos enjuga sus lágrimas y remueve el peso de sus sufrimientos. El contacto personal, el calor, la compasión, la ternura, el profundo interés que Amma muestra por cada uno, su carisma espiritual y, su inocencia y encanto siempre tan naturales en Ella, son algo inconfundible y único. Para Amma, cada uno de los seres de este universo es Su propio hijo. Como Ella misma lo ha dicho:

"Una corriente indestructible de amor
fluye de Amma hacia todos los seres del universo.
Esta es la naturaleza innata de Amma."

El Segundo Parlamento de las Religiones del Mundo 1993

Aunque distintas corrientes brotan de fuentes diferentes, todas mezclan sus aguas en el mismo océano. ¡Oh Señor!, los diferentes caminos que siguen la gente por distintos que parezcan, todos conducen hacia Ti.

—Atharva Véda

El espíritu de todas las religiones es uno. Ellas comparten los mismos valores fundamentales, la misma preocupación por el bienestar universal de todos los seres, y la aceptación del carácter sagrado innato de toda vida.

Los Hindúes consideran a todos los seres como algo divino; los Cristianos predican el amor universal; los Sintoístas reverencian la vida y los derechos de todas las personas; los Jainitas declaran que todas las vidas están interrelacionadas y que mutuamente se sirven de soporte; los Siks afirman que servir a los demás es adorar a Dios; el Corán enseña la igualdad y la unidad de toda los hombres; y Buda dijo que las señales distintivas de toda religión verdadera son la buena voluntad, el amor, la pureza y la amabilidad. Sin embargo, a través de la historia se han producido en nombre de la religión más guerras y derramamiento de sangre que por cualquier otro motivo.

El primer Parlamento de las Religiones del Mundo tuvo lugar en Chicago en el año 1893. Esto supuso el primer esfuerzo concertado para encaminar a las diferentes religiones hacia una plataforma común, donde los líderes y representantes de todas las creencias pudieran comunicarse y compartir sus puntos de vista. En la primera conferencia se estudiaron las posibilidades para lograr la tolerancia y armonía religiosa, y la forma en que podrían cooperar para resolver los problemas candentes que agitaban a la humanidad.

Al Parlamento de las Religiones del Mundo de 1893 asistieron unos 400 personas, representando a 41 tradiciones religiosas. Fue entonces cuando se reconoció al Catolicismo y al Judaísmo como religiones principales de América y cuando el Hinduismo y el Budismo fueron introducidos en Occidente por primera vez. Y en esta oportunidad fue también cuando Swâmî Vivekânanda, a través de sus inspiradas palabras, logró un amplio reconocimiento para la antigua cultura de la India, su filosofía y su religión.

El centenario del primer Parlamento de las Religiones del Mundo se celebró también en Chicago, del 28 de agosto al 4 de septiembre de 1993. Participaron más de 6.500 delegados, representando a 125 religiones, y entre ellos estaban presentes unos 600 líderes espirituales.

A diferencia del primer Parlamento, en éste se dio más importancia a los diálogos interreligiosos que a los discursos individuales, ya que los participantes se propusieron principalmente ahondar más en el consenso que existe entre sus respectivas religiones. Hubo un gran acuerdo en que la religión debe integrarse con la ciencia, la espiritualidad y otros aspectos prácticos de la vida diaria, y que se debe estimular a las personas de todas las religiones para que compartan el fruto de sus logros con las gentes menos afortunadas.

Mientras que el primer Parlamento tuvo como resultado la aceptación e integración de los Judíos y Católicos dentro de la tendencia mayoritaria, al mismo tiempo que se producía una introducción impresionante de las religiones del Oriente, en este segundo Parlamento se puso de manifiesto el creciente reconocimiento e influencia de estas últimas creencias y tradiciones. El Parlamento fue así un ejemplo lúcido del emergente pluralismo religioso.

Durante los ocho días que duró el Parlamento, se desarrollaron 800 programas; entre los que hubo conferencias, debates inter-religiosos, talleres de trabajo, lecciones de meditación, y representaciones culturales. También se dio oportunidad para la participación mutua en ceremonias y servicios religiosos.

El Parlamento abordó también muchos de los problemas críticos a los que hoy en día está enfrentada la humanidad. La polución ambiental, la amenaza nuclear, el abismo creciente entre ricos y pobres, el racismo, la opresión y los roles cambiantes del hombre y de la mujer—estos fueron algunos de los temas que fueron examinados y discutidos.

El extraordinario éxito del Segundo Parlamento de las Religiones del Mundo fue por si mismo una confirmación del mensaje de armonía y cooperación que se encuentra en el corazón de todas las religiones del mundo.

El Parlamento significó un gran paso hacia la meta ya prevista desde el principio: *"La finalidad del Parlamento no era solamente conmemorar un acontecimiento que fue decisivo en la historia del mundo, sino aportar un nuevo impulso al movimiento inter-religioso, explorar nuevas posibilidades para una paz permanente, y elaborar una nueva visión para el próximo siglo".*

La Asamblea de Presidentes

Un logro muy importante de este segundo Parlamento fue la creación de un grupo central formado por los más destacados líderes espirituales del mundo; una asamblea compuesta por veinticinco presidentes que representan las principales religiones del mundo. Durante los días que duró el Parlamento, este grupo se reunió en privado para discutir los problemas que actualmente afligen al mundo, proponer soluciones, y establecer una Etica Mundial.

Se acordó que este grupo central deberá funcionar como una especie de Naciones Unidas espiritual, y que siempre que surja algún conflicto en cualquier parte del mundo, debido a la intolerancia religiosa, el grupo usará su influencia colectiva y su peso espiritual con el fin de encontrar una solución pacífica. Tratará de demostrar al mundo que la religión puede y debe ser una fuente de armonía, y no de enfrentamiento.

La Divina Madre Mata Amritanandamayi Devî fue elegida como uno de los tres presidentes que representan a la fe Hindú, siendo los otros dos presidentes Swâmi Chidânanda Saraswati (Presidente de Divine Life Society) y Sivaya Subramuniya Swâmi (Líder espiritual de Saiva Siddhanta Church y editor de Hinduism Today).

Esta distinguida asamblea de presidentes, que representan nuestros numerosos y diferentes caminos, se esforzará no sólo para promover el diálogo interconfesional, sino también para conducir a la humanidad hacia una nueva era de paz y armonía.

Preludio

El día 3 de septiembre de 1993, con la ocasión de la asamblea que tuvo lugar para conmemorar el centenario del Parlamento de las Religiones del Mundo, Amma habló de la gran necesidad del amor y la compasión en el mundo de hoy.

Mucho antes de la llegada de Amma al Gran Salón de Baile del Hotel Palmer House de Chicago, cientos de personas se habían reunido en un silencio expectante ante las dos grandes dobles puertas. Mezclados indistintamente, se encontraban una diversidad de personas, provenientes de todas las partes del mundo, quienes habían venido a Chicago para asistir al Parlamento. Algunos estaban vestidos con los hábitos de distintas órdenes monásticas, otros con los trajes típicos de sus propios países, pero la mayor parte usaban trajes de la vida cotidiana conforme a la costumbre de Chicago. Entre la multitud había representantes de varios medios de comunicación, guardias de seguridad que se esforzaban por contener el empuje continuo de la multitud, y naturalmente los devotos de Amma cuyos rostros estaban radiantes a la espera de Su llegada. Muchos comentaban que ninguna otra actividad del Parlamento había congregado a tanta gente.

Mientras el gran salón de baile, totalmente lleno de gente, aguardaba la llegada de "uno de los más reverenciados Maestros espirituales de la India moderna", el ambiente se encontraba saturado de una gran expectación silenciosa.

Amma llegó por un costado del estrado, vistiendo su tradicional vestido blanco y una preciosa guirnalda de flores de brillantes colores. Según su costumbre se inclinó, saludando a todos los que habían venido, y se sentó en el lugar que le habían preparado. Quién podía imaginar que ésta sencilla mujer, -que aceptaba humildemente todas las formalidades del Gran Salón de Baile del Hotel Palmer House-, iba a expresar de inmediato, de una forma tan admirable, el anhelo latente que en cada uno de nosotros existe por el regreso del espíritu a su origen (la Perfección en nosotros mismos).

Durante los aspectos formales del acto, se traslucía en Ella una actitud como inocente o infantil. Antes de comenzar a hablar dijo que no era su costumbre pronunciar discursos, pero que diría algunas palabras sobre cosas que Ella había experimentado en Su propia vida. Y entonces comenzó su charla, tan clara y brillante como la guirnalda de flores que llevaba, enlazando admirablemente cada punto con el siguiente.

En su intervención Amma puso énfasis en la necesidad y urgencia que hay de que los principios religiosos sean asimilados en nuestras vidas. "El lenguaje de la religión es el lenguaje del amor. Pero es un lenguaje que el mundo moderno ha olvidado. Esta es la causa principal de todos los problemas que existen actualmente en el mundo. Hoy en día sólo conocemos un amor limitado y egoísta. La finalidad de la religión es transformar este amor limitado en un Amor Divino. Dentro de la plenitud del verdadero Amor florece la belleza y la fragancia de la compasión." Este fue el argumento central de su discurso. Con su característica sencillez y elocuencia, Amma recalcó cuál es el verdadero espíritu de la religión, y expuso sus principios eternos de un modo adecuado al mundo de hoy.

A lo largo de su discurso, Amma enfatizó la necesidad de que la religión llegue a ser un bálsamo para la humanidad que sufre, y no un campo que alimente los egoísmos y las rivalidades. Durante una hora los asistentes se sintieron cautivados por sus palabras, y cuando finalizó su discurso, hubo un desbordamiento de emoción, donde se pudo ver a reporteros con lágrimas y a personas totalmente extrañas dejando sus asientos para acercarse hasta Ella.

Con su estilo inimitable, Amma, prescindiendo ya de las formalidades del discurso, comenzó a dar su *darshan*[1]. Las gentes iban hacia adelante atraídas por Ella como por un imán, deseando participar de ese espíritu divino que tan profundamente les había conmovido e inspirado. Amma recibió a tantas personas como le fue posible, abrazándolas con ternura una tras otra, hasta que lamentablemente media hora más tarde hubo que dejar la sala para que prosiguiesen las actividades previstas.

Con su simple presencia, Amma irradiaba la esencia de los propósitos e intenciones del

---

[1] Una audencia con o estar en presencia de un Santo.

Parlamento de las Religiones del Mundo, haciendo de ellos algo real y vivo.

John Ratz, un consejero de relaciones públicas, comentando los discursos pronunciados durante las sesiones del Parlamento, hizo esta notable observación: *"Los demás oradores trataron los temas de la religión y de la espiritualidad como si fuesen dos cosas distintas. Sin embargo, Amma con sus inspiradas palabras fue directamente a la esencia de la religión y la espiritualidad, eliminando contradicciones, estableciendo entre ambas una armoniosa relación, y mostrando de este modo su verdadera naturaleza. Este fue uno de los discursos más significativos e impactantes."*

El fluir del Ganges

El discurso de Amma fue como el fluir del Ganges. Desde la alta cima de la felicidad espiritual transcendente, habló haciendo que los oyentes pudiesen beber y bañarse en Su conciencia infinita, la cual se desbordaba a través de Sus hermosas y convincentes palabras.

Mientras Amma, que es verdaderamente una encarnación del Amor y la Compasión Universal, pronunciaba Sus palabras, una profunda sensación de paz penetraba todo el ambiente. Su discurso fue intelectualmente convincente, pero sobre todo irradiaba un tremendo poder curativo y purificador.

El Gran Salón de Baile del Palmer House estaba lleno de personas de todos los niveles sociales, que siguieron todo el discurso embelesados. Y cuando terminó Su intervención, la gente con el corazón desbordante se lanzaron espontáneamente hacia Amma para recibir Su *darshan*. Este fue realmente un momento inolvidable.

—Swami Amritaswarupananda

Que Vuestros Corazones Florezcan

Amma se inclina ante vosotros, encarnaciones del Amor Supremo, que habéis venido hoy aquí. Las palabras no pueden expresar la gratitud que llena el corazón de Amma hacia los organizadores que han dedicado su tiempo y su energía a la realización de esta conferencia altamente benéfica. A pesar de estar viviendo en medio del materialismo actual, ellos han puesto en pie esta conferencia fundada sobre los valores religiosos que son los que dan a la vida soporte y grandeza. Con su trabajo sacrificado y su prodigioso esfuerzo, ellos han dado un ejemplo de servicio desinteresado en el que el mundo podría inspirarse. Ante tal generosidad de corazón Amma no tiene nada que añadir, más que prosternarse con humildad.

No es costumbre de Amma el pronunciar discursos. Sin embargo Amma va a decir algunas palabras nacidas de su propia experiencia de la vida. Amma os pide que le perdonéis los eventuales errores que puedan deslizarse en sus palabras.

La religión es la fe que nos conduce finalmente a realizar que nosotros mismos somos el Dios Todopoderoso y a experimentarlo realmente. Llevar al hombre a la realización de su verdadera naturaleza divina y trasformar al ser humano en ser divino, es la finalidad del "*Sanâtana Dharma*", la "religión eterna" de la India, comúnmente llamada "hinduismo". Normalmente nuestras mentes están agitadas por las olas de los pensamientos. Cuando estas olas se calman y desaparecen, el soporte inmóvil que entonces resplandece es la esencia de la religión. Este es el tema principal y el fin de la filosofía no-dualista del *Advaita* (la no dualidad). Este principio inmóvil e inalterable es el fundamento mismo del *Sanâtana Dharma*. La gran fórmula de las Escrituras: "*Aham Brahmasmi*" (Yo soy *Brahman*, la Conciencia Absoluta), expresa la experiencia subjetiva del Yo no-dual.

"Yo soy hindú", "yo soy cristiano", "yo soy musulmán", "yo soy ingeniero", "yo soy doctor": así es como la gente habla. El principio sin nombre, sin forma, omnipresente, y común a todos en cuanto "yo" es el *Âtman* (el Yo), el *Brahman* (el Absoluto), o *Îshwara* (Dios). Negar la existencia de Dios es negar la propia existencia. Es como decir con la propia lengua "yo no tengo lengua". Dios está presente en cada uno de nosotros, en todos los seres, en todas las cosas. Dios es semejante al espacio. El espacio está en todas partes. La creación entera existe en el espacio. Imaginemos que nosotros construimos una casa; el espacio existe antes de la construcción de la casa, una vez terminada la casa existe en el interior de ese mismo espacio. Después de la demolición de la casa, el mismo espacio permanece. Dios es como el espacio. El existe inmutable; en el pasado, el presente y el futuro.

Quizá vosotros os preguntéis: "Si Dios es omnipresente, ¿por qué no le veo?" La electricidad no es visible, pero meted el dedo en un enchufe y tendréis la experiencia de su existencia. Del mismo modo, Dios no puede ser conocido más que por la experiencia. Colocaos detrás de un árbol e intentad mirar al sol. Ciertamente no lo veréis.

Podríais decir que el árbol ha cubierto al sol, pero eso no es cierto. El sol no puede ser cubierto. Es vuestra vista la que está obstaculizada, por eso no podéis ver el sol. Del mismo modo, aunque Dios está en todas partes, nuestra visión limitada hace que no podamos verle. La actitud centrada en el "yo" y lo "mío", es la que bloquea nuestra visión y aprisiona nuestro espíritu.

El *Sanâtana Dharma* no nos pide que creamos en un Dios sentado en un trono dorado por encima de las nubes. Dios no es un ser limitado. Dios es todopoderoso, omnipresente y omnisciente. Dios es el principio de la vida y la luz de la conciencia en nosotros. Dios que es pura Beatitud, es en verdad nuestro propio Ser.

Sólo la mente es la causa de la esclavitud y de la liberación del hombre. La religión es el principio que libera la mente de pensamientos, de emociones diversas, y de la dependencia de los objetos exteriores. Ella nos ayuda a alcanzar el estado de libertad eterna o independencia. La actitud de "yo" y "mío" es la que nos hace dependientes. La práctica de los principios de la verdadera religión es el camino que nos lleva a la eliminación del ego.

Nosotros no podemos esperar a encontrar la felicidad y la perfección en el mundo. Sin embargo, la gente pelean sin cesar por encontrarla ahí. A través de los años muchas mujeres se quejan a Amma: "¡Oh Amma!, tengo cuarenta años y aún no me he casado, no he logrado encontrar el compañero que deseaba". Los hombres, por su parte, también se quejan: "Amma, he buscado la esposa de mis sueños, pero no he podido encontrarla". Y ellos pierden la esperanza y se sienten abatidos; esto hace que Amma se acuerde de una historia:

Un día dos amigos se encontraron en un restaurante. Uno le dijo al otro que pronto se iba a casar, y le invitó a su boda. Al mismo tiempo le preguntó si no había pensado él también en casarse. "Sí", respondió el amigo, "deseaba ardientemente casarme y me puse a la búsqueda de la mujer perfecta. Encontré una mujer en España, que era bella, inteligente y estaba interesada por la espiritualidad, pero era totalmente inculta, de modo que no podía pensar en hacerle mi esposa. En Corea encontré otra, era bella, inteligente y tenía al mismo tiempo una gran cultura mundana y espiritual, pero me era imposible comunicarme con ella. Así que seguí con mi búsqueda. Finalmente encontré en Afganistán la mujer de mis sueños. Era perfecta desde todos los puntos de vista, e incluso podía comunicarme con ella". El amigo, interrumpiéndole le preguntó: "¿Te casaste con ella?" "No", respondió el otro. "¿Y por qué no?", volvió a preguntar. "Porque ella también buscaba al marido perfecto".

¿De qué tienen sed los seres humanos? De felicidad y de paz, ¿no es cierto? La gente corren de un lado a otro buscando la paz de espíritu. Pero la paz y la tranquilidad han desaparecido de la faz de la tierra. Nosotros somos muy entusiastas cuando se trata de alcanzar el mundo exterior y todos sus placeres materiales. Mientras tanto el mundo interior ha llegado a ser un verdadero infierno. Las comodidades materiales del mundo moderno son más que suficientes. Los coches o los alojamientos climatizados no faltan, éstos están disponibles en todas partes del planeta pero que tristeza ver que la gente quienes viven allí no encuentran nunca ésta paz de espíritu . No pueden dormir sin recurrir a somníferos. La agitación y la tensión de la mente han llegado a ser tan incontrolables, tan insostenibles, que muchas personas se suicidan incluso aún viviendo con un gran lujo en esas habitaciones climatizadas. Aquellos quienes se muestran tan deseosas de instalar el aire acondicionado en su coche o en su casa, deberían hacer esfuerzos por climatizar su propia mente. Esto es lo que realmente se necesita para alcanzar la verdadera felicidad.

Estar contento y feliz dependen solamente de la mente, no de los objetos ni de las circunstancias exteriores. La felicidad en realidad depende del dominio de sí mismo. Tanto el paraíso como el infierno son creados por la propia mente. Incluso el más sublime de los paraísos se transforma en un infierno si la mente está agitada; mientras que el peor de los infiernos llegará a ser una morada maravillosa para un ser que esté dotado con una mente apacible y relajada. La religión es la ciencia que nos enseña cómo vivir una vida feliz y contenta aún viviendo en este mundo diverso.

En este mundo de hoy se necesita tener fe y estar alerta

En estos días, nuestra fe es comparable a un miembro artificial, que no tiene ninguna vitalidad. No hemos llegado a establecer con la fe una relación profunda que surja del corazón; ésta no ha sido realmente integrada en nuestras vidas.

Esta es una era científica. El intelecto y la facultad de razonar han alcanzado alturas prodigiosas, pero sorprendentemente las personas cuya inteligencia está más desarrollada, sólo tienen fe y confianza en los coches, la televisión, las casas y computadoras; objetos que en cualquier momento pueden averiarse o dejar de funcionar en cualquier momento. Estamos profundamente atados a estas cosas y a las pequeñas comodidades que nos ofrecen. Si se estropean nos damos prisa en repararlas; pero no nos damos cuenta que en realidad somos nosotros mismos los que tenemos necesidad de una reparación urgente, pues hemos perdido la fe en nosotros mismos, en nuestro propio ser. Hemos perdido la fe en nuestro corazón y en sus sentimientos delicados. Un hombre que puede dar muestras de una gran paciencia para reparar su televisión o su ordenador, no tiene ninguna cuando se trata de volver a afinar las notas falsas de su propia vida.

La oscuridad esta poco a poco envolviendo al mundo. Es una escena lamentable la que vemos a nuestro alrededor. Habiendo gastado todas sus energías y su vitalidad corriendo detrás de los objetos de placer, la gente se hunden. El hombre ha sobrepasado los límites razonables establecidos por la naturaleza. Esto no quiere decir que uno no debe disfrutar de los placeres de este mundo.

Esto está bien. Pero debéis comprender esta gran verdad: que el gozo y la felicidad que podéis obtener de los placeres mundanos y de las cosas del mundo no son más que un ínfimo reflejo de la beatitud infinita que viene de vuestro propio Ser. Sabed que tu verdadera naturaleza es la felicidad. De la misma manera que el periódico de hoy llegará a ser mañana un papel que se tira; lo que hoy es causa de alegría puede llegar a ser mañana una fuente de dolor. Comprender esta verdad, mientras estamos viviendo en este mundo, es lo que nos enseña la religión.

La mente puede ser comparada a un péndulo. Semejante al movimiento incesante del balancín de un reloj, el péndulo de la mente oscila alternativamente de la felicidad al sufrimiento y viceversa. Cuando el balancín del reloj se desplaza hacia un extremo no hace más que tomar impulso para lanzarse hasta el extremo contrario. De la misma manera cuando el péndulo de la mente está en movimiento hacia la felicidad no hace más que almacenar energía que le llevará hacia el otro polo, el sufrimiento. La paz y la felicidad verdadera no pueden ser experimentadas más que cuando el péndulo de la mente cesa completamente de oscilar. De esta quietud es de donde surge la paz y la felicidad verdadera. Este estado de quietud perfecto es en verdad la esencia de la vida.

La religión nos pide que estemos constantemente alerta. Un pájaro posado sobre una ramita sabe que en cualquier momento, bajo el efecto de la más leve brisa, la rama puede romperse; por eso él está siempre alerta, listo para volar. De manera similar nosotros nos apoyamos en los objetos de este mundo que pueden desaparecer de un momento a otro. La gente pregunta: "¿Quiere decir con esto que debemos dejar el mundo, retirarnos a un lugar solitario, y permanecer sentados con los ojos cerrados sin hacer nada?" No, no se trata de esto. No seáis perezosos ni indolentes, cumplid las tareas que os incumben en este mundo, realizad con entrega vuestras actividades. Podéis trabajar para adquirir riquezas y gozar de la vida, pero no os olvidéis que todo este adquirir, poseer y conservar, equivale a guardar cuidadosamente un peine para peinar una cabeza calva. Sin tener en cuenta el tiempo o el lugar, la muerte puede abatirnos arrebatando todas nuestras posesiones. En el momento de la muerte tenemos que dejarlo todo. Nada ni nadie podrá ayudarnos. Por eso la religión nos recuerda: "Comprender que la finalidad de esta preciosa vida no es simplemente para alimentar el cuerpo, sino para evolucionar hacia el Estado de Perfección".

Si una persona vive conociendo y comprendiendo la naturaleza efímera del mundo; ésta puede abrazar la vida amorosamente, sin hundirse o perder el coraje cuando surgen las dificultades. Una persona que no sabe nadar está a merced del océano agitado. Las olas pueden fácilmente sumergirle y llevarle a las profundidades. Por el contrario, divertirse en el océano es un juego maravilloso para el que sabe nadar. Las olas no podrán hundirle.

Del mismo modo la naturaleza contradictoria y variada de la vida es un juego maravilloso para aquel que es consciente de la naturaleza siempre cambiante de la vida. Él puede acoger sonriente y ecuánime tanto las experiencias negativas como las positivas. Pero para aquellos que carecen de esta comprensión, la vida se convierte en una carga de dolor insoportable. Los verdaderos principios de la religión nos dan la fuerza y el coraje necesarios para abordar las situaciones difíciles de la vida con una mente serena y equilibrada. La religión hace más fácil el camino que nos permite abrazar la vida incluso con una mayor alegría, placer y confianza. Para aquel que de verdad está

imbuido en los principios de la religión la vida es
como el juego alegre de un niño inocente.

El mundo de hoy trata de evaluar los principios religiosos observando las acciones que algunas personas realizan en nombre de la religión.
Y juzgan en seguida la religión, en su conjunto,
sobre la base de los errores de algunos pocos.
Esto viene a ser como tirar al bebé junto con el
agua del baño, o como condenar las medicinas y
a todos los médicos por la prescripción errónea de
un solo médico. Los individuos son a veces buenos a veces malos. Tienen debilidades y pueden
carecer de discernimiento. Es incorrecto achacar
las faltas y debilidades que podáis ver en ellos, a
los principios mismos de la religión.

Es la práctica de los principios religiosos lo
que llena de vitalidad y energía la vida humana.
Sin religión ni fe, la vida sobre la tierra estaría
vacía. Como un cadáver engalanado con un
perfecto vestido, la belleza y los placeres de la
vida serían totalmente superficiales. Sin religión
nuestro corazón se endurece y se vuelve estéril. Si
todavía hay algo de belleza, vitalidad y armonía
en nuestras vidas, se debe únicamente a que las
personas se han impregnado, al menos un poco,
de la religión y espiritualidad.

El estado deteriorado de la religión de hoy

La religión contiene los principios esenciales de la vida gracias a los cuales el egoísmo y la estrechez de miras pueden ser eliminados. Pero a veces, por falta de una correcta comprensión, la misma religión se convierte en terreno propicio para esas negatividades. El egoísmo, la estrechez de mira y la competición engendran peleas porque las personas no han llegado a imbuirse de la esencia de la religión.

Hoy en día hay cientos de personas que están listas a morir por su religión, pero no hay ninguno que esté decidido a vivir según sus principios. La gente no se dan cuenta de que la religión debe ser vivida. y olvidan que debe ser aplicada y practicada en nuestra vida cotidiana.

"Mi religión es la mejor, es la más grande", dice uno. "No, la mejor y la más grande es la mía", dice otro. Y así el clamor continúa. A causa de esta estrecha visión y de las envidias que la acompañan, la verdadera esencia y mensaje de la religión se han perdido para el pueblo.

Viendo las peleas actuales entre las religiones, Amma se acuerda de una historia. Dos pacientes se encontraban en dos servicios diferentes del mismo hospital y estaban a cargo de sus respectivos familiares. Los pacientes estaban gravemente enfermos y sufrían terriblemente. Un pariente por cada enfermo salió urgentemente para comprar las medicinas necesarias. Al volver se encontraron los dos ante una puerta estrecha que no permitía pasar más que una sola persona. Cada uno quería pasar primero y ninguno dejaba libre la entrada. Los dos insistían en pasar antes y se produjo un gran altercado. Mientras los pacientes gritaban de dolor, ellos continuaban peleándose, apretando cada uno el medicamento en su mano. Nosotros encontramos con frecuencia adeptos de diferentes religiones que juegan el papel de esos dos parientes. Ciegos con los símbolos exteriores de su propia fe no logran captar la verdadera esencia, y espíritu. En lugar de acercarse a Dios, ellos, en nombre de la religión, caminan hacia su propia destrucción.

En este lamentable estado es como se encuentra hoy la religión. A causa de esa actitud de competición inflexible y arrogante, las gentes no tienen paciencia ni amabilidad y han perdido la capacidad de amar.

Todos los miembros de una familia no tendrán probablemente el mismo carácter y capacidad intelectual. Puede que uno hable y actúe sin discernimiento, o bien tenga terribles cóleras perturbando así el hogar entero. Pero en la misma familia otro será de naturaleza humilde, serena, apacible, dotado de un agudo discernimiento y de una gran claridad de visión. Ahora la pregunta es: ¿Quién o qué cualidades mantienen la armonía de esta familia? Sin tener que pensar mucho se puede fácilmente responder que son las cualidades de este último; su humildad, discernimiento y bondad, son las que aseguran la unidad de la familia. La cólera y la falta de discreción de uno son compensados por la calma, la humildad y la prudencia del otro.

Si hubieran prevalecido los rasgos de carácter del que es colérico y confuso, la familia se habría desintegrado hace tiempo. De la misma manera, aunque el mundo está actualmente confrontado a una gran amenaza ; es la humildad, el amor, la compasión, la paciencia y el sacrificio personal de los Santos lo que sostienen y conservan la armonía e integridad en el mundo. Las tinieblas de nuestra época pueden ser totalmente eliminadas si en el seno de cada familia un miembro al menos está decidido a adherirse a los principios esenciales de la verdadera religión.

Cuando estamos verdaderamente impregnados del espíritu de la religión, el dolor y el sufrimiento de los otros llegan a ser nuestros. La compasión aparece cuando podemos sintonizar con la pena y el sufrimiento de los demás. Sólo a través de la experiencia de la unidad del Ser nos hacemos capaces de llegar a sentir una compasión real y un interés verdadero hacia los demás.

Amma quiere contar esta historia: Una persona que vivía en un apartamento estaba enferma de cáncer; su enfermedad le hacía sufrir tanto que no hacía más que llorar. Este era tan pobre que no podía comprar los calmantes para un poco de alivio de su agonizante dolor. Al mismo tiempo, en el apartamento contiguo, otra persona se entregaba al desenfreno buscando el placer en el alcohol, las drogas, y en relaciones con mujeres. Si el dinero que derrochaba destruyéndose a sí mismo lo hubiera empleado en ayudar a su pobre vecina, el sufrimiento de la enferma se habría aliviado. Además su egoísmo y sus propias tendencias destructivas habrían desaparecido. Mostrar compasión hacia los pobres y hacia los que sufren es nuestro deber hacia Dios. Solamente este amor, compasión e interés por los demás podrán traer la armonía a nuestro mundo.

Si por casualidad nos metemos el dedo en el ojo, ¿castigamos al dedo? No. Simplemente intentamos aliviar el dolor del ojo. ¿Por qué no castigamos al dedo? Porque los dos son parte de nosotros, ellos son nosotros mismos. Nosotros nos vemos a nosotros mismos en el ojo y en el dedo. De la misma manera deberíamos poder vernos a nosotros mismos, nuestro propio Ser, en todos los seres. Si supiéramos hacer esto, fácilmente podríamos perdonar los errores de los demás. El verdadero espíritu de la religión es ser capaz de amar a otros y perdonarlos, viéndonos a nosotros mismos en ellos y sintiendo sus faltas como si fuesen nuestras.

El oro es en sí mismo bello, brillante y precioso. Pero si tuviera fragancia, su valor y encanto sería mucho mayor. La meditación y las prácticas espirituales son verdaderamente de un valor inestimable. Pero si al mismo tiempo que practicamos la meditación y la devoción experimentamos la compasión hacia nuestros prójimos, esto sería como el oro lleno de fragancia, algo increíblemente especial y único.

La religión es el secreto de la vida. Ella nos enseña a amar, servir, perdonar y soportar. Nos enseña a experimentar la empatía y la compasión en nuestras relaciones con nuestros hermanos y hermanas. El *Advaita* (la No-dualidad) es una experiencia puramente interna y subjetiva. Pero en la vida diaria debe ser expresada como amor y compasión. Esta es la lección esencial que nos enseñaron los grandes santos y sabios de la India, los exponentes del *Sanâtana Dharma*.

El papel del Amor y de la Compasión en la religión

La verdadera religión es el lenguaje olvidado por el hombre moderno. Nosotros hemos olvidado la compasión, el amor y la mutua comprensión enseñados por esta. La causa fundamental de todos los problemas que existen en el mundo es la falta de amor y compasión. El caos y la confusión que reinan en las vidas personales, en el seno de las naciones y en el mundo entero, no vienen más que de nuestra incapacidad para poner en práctica, los verdaderos principios religiosos en nuestra vida cotidiana. La religión debe llegar a ser parte integral de la vida. Hay que volver a darle nuevo aliento y vitalidad. Sólo entonces la compasión y el amor podrán florecer dentro de nosotros. Y ellos solos disiparán la oscuridad, trayendo la luz y la pureza al mundo.

Cuando el amor se convierte en Amor Divino, la compasión llena nuestro corazón. El amor es un sentimiento interior, y la compasión es su manifestación, es la expresión de vuestro interés sincero, que surge desde el corazón, hacia cualquier ser humano que esté sufriendo.

Hay amor y Amor. Vosotros amáis a vuestra familia, pero no amáis a vuestro vecino. Amáis a vuestro hijo o vuestra hija, pero no amáis a todos los niños. Amáis a vuestro padre y a vuestra madre, pero no amáis a las demás personas de la misma manera. Amáis a vuestra religión, pero no amáis a todas las religiones. Vosotros podéis incluso tener aversión hacia aquellos que tienen otras creencias. De la misma manera amáis a vuestro pueblo, pero no a todos los pueblos, y quizá sentís enemistad hacia algunos países. Por lo tanto, ese no es un verdadero amor, es tan solo un amor limitado. La transformación de este amor limitado en un Amor Divino es el fin de la espiritualidad. En la plenitud del Amor es donde se abre la flor maravillosa y fragante de la compasión.

Cuando desaparecen las obstrucciones del ego, los miedos y el sentimiento de separación, entonces no podéis más que amar. Y ese amor no espera nada a cambio. Ya no os preocupáis por recibir nada, simplemente hay un fluir. Cualquiera que venga al río del Amor es bañado por sus aguas, ya se trate de una persona sana o enferma, de un hombre o de una mujer, de un rico o de un pobre. Cualquiera puede sumergirse en él tantas veces como quiera. Que alguien se bañe en sus aguas o no, no significa ninguna diferencia para el río del Amor. Si le critican o maltratan, no presta ninguna atención, él se contenta con fluir. Cuando este Amor se desborda y se expresa a través de cada palabra y de cada acto, a esto llamamos compasión, y esta es la finalidad de la religión. Una persona que está llena de Amor y Compasión ha realizado los verdaderos principios de la religión.

Una persona compasiva no ve los defectos de los demás, no ve las debilidades ajenas. Ni hace distinción entre buenos y malos. Un ser lleno de amor y compasión no puede trazar una frontera entre dos países, dos creencias o dos religiones. No tiene ego, por lo tanto no hay miedo, codicia, ni pasión. Simplemente olvida y perdona. La compasión es como un canal. Todas las cosas pasan a través de él. Nada puede estancarse, porque donde hay verdadero Amor y compasión no hay apegos. La compasión es el Amor expresado en toda su plenitud.

El amor es el ver y sentir la vida en todas las cosas. Cuando el Amor llena el corazón uno puede ver la vida que está vibrando en toda la creación. "La Vida es Amor". Esta es la gran lección que nos enseña la religión. La vida está aquí. La vida está en todas partes. No existe más que vida. Así pues, el Amor está en todos los lugares. Allí donde hay vida hay Amor y viceversa. La vida y el Amor no son dos, son uno. Pero la comprensión de esta unidad permanecerá oculta hasta que venga la Realización. Hasta entonces la separación entre el corazón y el intelecto se mantendrá. El intelecto solo no es suficiente. Para llegar a la Perfección y realizar la plenitud de la vida, es necesario que el corazón de uno esté lleno de Amor y compasión. Llegar a saber esto es el único propósito de la religión y de las prácticas religiosas.

Vivimos en una época dominada por el intelecto y la razón, una época científica. Pero hemos olvidado los sentimientos del corazón. Hay una expresión que es común en todas partes del mundo: "He caído en el amor" (enamorarse). Sí, nosotros hemos caído en un amor enraizado en el egoísmo y en el materialismo, y somos incapaces de levantarnos y despertarnos al Amor. Si tenemos que caer que sea desde la cabeza al corazón. Levantarnos hasta el Amor, esto es la religión.

Restaurar el equilibrio de la naturaleza

La verdadera religión afirma que la creación entera es una manifestación de Dios. Si es así, nosotros debemos sentir tanto amor e interés por la naturaleza como por nuestros semejantes. Las Escrituras dicen: *"Isavasyamidam sarvam"*: "Todas las cosas están impregnadas de la Conciencia Divina". La tierra, las plantas, los animales, todos son manifestaciones de Dios. Nosotros deberíamos amarlos como nos amamos a nosotros mismos. De hecho, deberíamos amarlos más que a nosotros mismos, ya que los seres humanos sólo pueden existir con el soporte de la naturaleza.

Se dice que deberíamos plantar dos árboles por cada árbol que cortamos. Pero cuando un inmenso árbol es reemplazado por dos plantas jóvenes, el equilibrio de la naturaleza no se conserva. Si se añade un desinfectante al agua en una proporción más pequeña que la requerida, su efecto será reducido al mínimo. Si un medicamento "ayurvédico" que requiere diez plantas para su preparación, se elabora solamente con ocho, no producirá el efecto deseado. Los animales, las plantas, y los árboles contribuyen a la armonía de la naturaleza. Es deber del hombre proteger y preservar los pájaros y los animales, ya que ellos mismos no pueden defenderse. Si continuamos destruyéndolos, el mundo sufrirá grandemente.

Amma recuerda que en su infancia, la boñiga de vaca era colocada directamente sobre el lugar de la vacuna para prevenir la infección. Pero hoy en día la boñiga infectaría la herida. A causa de los productos tóxicos con los que el hombre ha polucionado el ambiente, nuestro sistema inmunológico se ha debilitado, y la boñiga de vaca también se ha vuelto nociva.

Antiguamente la duración de la vida de una persona normal era superior a cien años, mientras que en nuestros días es más corta y continúa decreciendo. Los raros casos actuales de personas que viven más allá de los cien años son en general ancianos con mala salud y que sufren enormemente. Además, enfermedades incurables se han extendido porque el hombre ha transgredido las leyes de la naturaleza.

¡Cuánta polución ha causado el humo de las fábricas! Amma no sugiere que se cierren las fábricas. Dice solamente que una parte de los beneficios deberían ser utilizados para encontrar métodos que reduzcan la polución y que revitalicen y protejan el ambiente.

Antes el sol y la lluvia alternaban armoniosamente y acompañaban los ciclos de la siembra y la cosecha. El riego no era necesario, porque la naturaleza se encargaba de todo. Actualmente nosotros nos hemos separado del camino del *dharma* (acción justa). No prestamos ninguna atención a la naturaleza, y en consecuencia la naturaleza reacciona. La misma brisa fresca que antes acariciaba a la humanidad se ha transformado en un tornado.

Podríamos quizás dudar de nuestra capacidad para restaurar el equilibrio perdido en la naturaleza. ¿No somos nosotros, como seres humanos, demasiado limitados? No, no es así. Tenemos un poder infinito en nosotros. Pero estamos totalmente dormidos y somos inconscientes de nuestra fuerza. Este poder se manifiesta cuando nos despertamos interiormente. La religión es el secreto más grande de la vida. Ella nos permite despertar esa potencia interior ilimitada que se encuentra en estado latente.

El *Sanâtana Dharma* proclama: "¡Oh hombre!, tú no eres una pequeña candela, y no dependes de nadie para iluminarte. Tú eres el sol resplandeciente que es su propia fuente de luz". Mientras creéis que sois el cuerpo, sois como una pequeña pila eléctrica que rápidamente se agota. Pero cuando llegáis a comprender que sois el *Âtman* (el Ser), entonces os convertís en una batería gigante conectada con la fuente del poder cósmico. Y él os alimenta con su fuerza constante e inextinguible. Cuando estáis unidos a Dios, al Ser, a la Fuente de todo poder, vuestra energía no disminuye jamás. Tenéis la capacidad de manteneros conectados con vuestro potencial infinito. Sed, pues, conscientes de vuestro inmenso poder y fuerza. No sois como un pequeño y débil corderito, sois como un león majestuoso y poderoso. Sois la energía cósmica, el Dios todopoderoso.

Los niños deben ser enseñados con el ejemplo

Amma ha oído decir que en Occidente los niños van a la escuela provistos de un revolver. Le han contado que incluso pueden disparar sobre cualquiera sin ningún motivo. ¿Habéis reflexionado alguna vez sobre las causas que empujan a los jóvenes a actuar de manera tan cruel? No se les ha enseñado nunca a actuar de manera adecuada. Nunca han recibido verdadero amor y compasión. Muchos chicos y chicas se han confiado a Amma diciendo: "Nuestra madre no nos dio ningún amor. Nuestros padres no nos enseñaron a comportarnos correctamente. Les hemos visto pelearse justo delante de nosotros. Al ver tales peleas y tanto egoísmo, comenzamos a sentir odio hacia todo el mundo, y nos volvimos rebeldes y egoístas".

Los padres, que deberían dar las primeras lecciones de paciencia y amor, fallan en sentar el correcto ejemplo. La petición que Amma desea hacer es que los padres muestren a sus hijos desde sus primeros años todo su amor y afecto. A los bebés no se les debería dejar desatendidos en sus cunas. Amma debería tener a su hijo junto a ella, y alimentarle de su seno con amor y ternura. A los niños se les debería instruir en los principios religiosos y morales durante sus años de formación. Los padres no deberían pelearse ni expresar cólera u odio delante de sus hijos. Si no, ¿cómo podrán aprender los hijos a tener paciencia y amor?

Si atravesáis un campo de hierbas suaves y verdes automáticamente quedará abierto un sendero, mientras que será necesario hacer innumerables viajes en una colina pedregosa, para conseguir trazar un camino. De la misma manera el carácter de un niño puede fácilmente moldearse. Los niños necesitan un cuidado amoroso, pero al mismo tiempo no debemos olvidarnos de enseñarles la disciplina. Hay que inculcarles la fe en Dios, así como también el amor por la creación entera. Esto sólo es posible a través de una adecuada educación religiosa.

Hijos, nuestro primer deber y nuestra principal obligación en este mundo es ayudar a nuestros semejantes. Dios no necesita nada de nosotros. Él siempre está pleno. Pensar que Dios necesita algo de nosotros es como si encendemos una vela delante del sol para iluminar su camino. Dios es el que nos protege a nosotros, Él no necesita que nosotros le protejamos. El río no tienen necesidad del agua de una charca estancada. Es la charca la que necesita del agua corriente del río para hacerse pura y limpia. Nuestras mentes se han llenado de impurezas como charcas de agua estancada. Y necesitamos de la Gracia de Dios para purificarnos y elevarnos, de modo que lleguemos a ser capaces de amar y servir al mundo de una forma desinteresada.

Mostrar compasión hacia la humanidad que sufre es nuestra obligación hacia Dios. Nuestro camino espiritual debe comenzar con el servicio desinteresado al mundo. Las personas quedarán frustradas si se sientan en meditación esperando que se abra su tercer ojo después de haber cerrado los otros dos. Esto no va a suceder. No podemos, en nombre de la espiritualidad, cerrar los ojos al mundo y pensar que vamos a crecer interiormente. La Realización Espiritual es alcanzar la conciencia de la Unidad, al mismo tiempo que contemplamos el mundo con los ojos bien abiertos.

Cuando una flor no se ha abierto y es todavía un simple capullo, su belleza y su fragancia aún están ocultas. Nadie las puede ver, ni gozar de su hermosura. Pero cuando la flor se abre desplegando sus formas, sus colores encantadores y esparciendo al aire su perfume, todo el entorno queda saturado del gozo y alegría. De la misma manera las flores de nuestros corazones aún no se han abierto. Todavía son como capullos. Sin embargo, si los alimentamos con la fe en Dios, con el amor, la compasión, y la adhesión a los principios de la religión, es seguro que nuestros corazones florecerán. Mostrando su belleza y esparciendo su fragancia, llegarán a ser una bendición para todo el mundo.

La religión no se limita a las palabras de las Escrituras. Es sobre todo una manera de vivir. Su belleza y encanto se manifiesta a través del amor y la compasión de aquellos que viven en armonía con sus preceptos.

Todo lo que Amma ha dicho hasta ahora es como las instrucciones de la etiqueta en un frasco de medicamentos. La simple lectura de las instrucciones no produce la curación. Hay que tomar la medicina. No podéis saborear la dulzura de la miel lamiendo un papel donde la palabra "miel" esté escrita. Del mismo modo, los principios descritos en los textos religiosos deben ser contemplados, meditados y finalmente realizados. Busquemos refugio a los pies del Señor Supremo, y roguémosle que podamos alcanzar el estado de Perfección.

OM NAMAH SHIVAYA

La Herencia Gloriosa del Sanatana Dharma

El siguiente discurso fue pronunciado por la Amma ante un auditorio de dignatarios y líderes espirituales, en la mañana del 4 de septiembre de 1993, cuando fue designada por el Comité Anfitrión Hindú como uno de los tres Presidentes de la Fe Hindú.

Los grandes santos y sabios de la India que fueron exponentes del *Sanâtana Dharma* nunca exigieron nada. Establecidos para siempre en el estado supremo de la plenitud absoluta, encontraron muy difícil poder expresar con palabras la experiencia de la Verdad Suprema infinita. Sabían que las limitaciones del lenguaje nunca permitirían dar una imagen adecuada de la Verdad. Por lo tanto las grandes almas siempre prefirieron permanecer en silencio. Sin embargo, movidos por la compasión hacia aquellos que están buscando a Dios, y por aquellos que andan en las tinieblas, ellos se decidieron a hablar. Pero antes de hablar expresaron esta oración:

"¡Oh Señor Supremo!, que mis palabras estén arraigadas en mi espíritu, y que mi espíritu esté enraizado en mis palabras."

Esta fue su oración al *Brahman* Supremo: *"Voy a expresar en palabras mi experiencia de la Verdad, mi experiencia del Infinito. La Verdad es algo tan extraordinariamente completo que no puede ser expresada en palabras. Pero lo voy a intentar. Cuando hable, dame la habilidad de expresar y comunicar el mensaje esencial de la Verdad a través de mis palabras. No permitas que distorsione la Verdad".*

El deber de cada uno de nosotros es transmitir al mundo esta gran experiencia de los santos y sabios. Es muy importante que respetemos los sentimientos y las creencias de las personas que pertenecen a otra religión. Pero al mismo tiempo deberíamos dar a conocer a todos que el eterno *Sanâtana Dharma* no está limitado a ciertos individuos; es una experiencia pura subjetiva de la mayor importancia para cada ser humano. Cada persona es una encarnación de la gran Verdad. El

Sanâtana Dharma no pertenece a ninguna casta, credo o religión en particular. El mundo debería saber esto. En verdad el *Sanâtana Dharma* es una gran fuente de poder e inspiración para toda la humanidad. Por esto sus seguidores deberían trabajar constantemente por la paz y la armonía del mundo. Sólo entonces el *sankalpa* (voluntad o propósito) de los grandes *rishis* (sabios) llegará a ser realidad.

Los *rishis* no formaron una religión separada. Ellos daban gran importancia a los diferentes valores humanos y a las verdades espirituales. Por esta razón sus oraciones, tal como la siguiente, incluyen al universo entero:

Om, lokah samasthah sukhino bhavantu"
Que el mundo entero viva en la felicidad.

Om sarvesham svastir bhavatu
Sarvesham shantir bhavatu
Sarvesham purnam bhavatu
Sarvesham mangalam bhavatu
Om shanti shanti shantihi

Que el gozo prevalezca en todos
que la paz prevalezca en todos
que la perfección prevalezca en todos

que la prosperidad prevalezca en todos
Paz... Paz... Paz...

Una vez un *sannyâsin* (monje)fue invitado por
un viudo para que rezase por el alma de su mujer.
El *sannyâsin* comenzó a rezar: "Que todos alcancen la felicidad; que no haya ningún dolor; que la
bienaventuranza llene el mundo entero; que todos
alcancen la perfección, etc." El marido que escu-
chaba esta oración, comenzó a sentirse molesto.
Y le dijo al sannyâsin: "*Swâmi*[2], yo esperaba que
iba a rezar por el alma de mi mujer, pero no he
oído que haya pronunciado su nombre ni siquiera
una sola vez." El *swâmi* respondió: "Lo siento, pero
no puedo rezar de esa forma. Mi fe y mi Gurú
me enseñaron a rezar por todas las personas, por
el universo entero. En verdad, sólo rogando por
el bien del mundo entero puede beneficiarse el
individuo. Si tu riegas las ramas de un árbol, el
agua se pierde inútilmente. Tan sólo cuando el
agua va a las raíces es cuando el alimento llega a
las ramas, a las hojas y a todo el árbol. Así pues,
sólo si rezo por todo el mundo, tu mujer recibirá
las bendiciones y su alma encontrará la paz. Yo no
puedo rezar de otro modo". El *swâmi* estaba tan

---

2 La manera de llamar un monje Hindú, un sannyâsi.

convencido, que el marido no tuvo otra opción más que acomodarse a su deseo. Entonces le dijo: "Está bien, puede usted rezar como quiera, pero al menos ¿no podría excluir de sus plegarias a mi vecino?" Esta es la actitud que prevalece en el mundo de hoy. Hemos perdido la capacidad y la buena voluntad para compartir.

Cuando terminó la guerra fría entre Rusia y América, hubo una gran sensación de alivio en el mundo entero. Con el compromiso de poner fin a las hostilidades, el miedo a la guerra nuclear, que potencialmente podría destruir el mundo, desapareció.

Entonces por primera vez, familias que estaban separadas por barreras artificiales de diferentes ideologías políticas, se volvieron a reunir en el espíritu de amor que siempre les había unido.

Sin embargo, hay algunos grupos implicados en la fabricación de armas destructivas, personas que sólo piensan en sus intereses egoístas.

La finalidad de la naturaleza es servir de soporte a la creación. Deberíamos tener confianza en ella. Deberíamos encontrar modos alternativos y pacíficos de ganarnos la vida, en vez de destruirnos mutuamente con el objetivo del propio engrandecimiento.

Acudir simplemente a los templos, a las iglesias, a las mezquitas, y hacer adoración no constituye la totalidad de la religión o devoción. Deberíamos poder ver a Dios, o al Ser, dentro de nosotros mismos y dentro de todos los seres.

Estamos ya en la aurora del Siglo XXI. Que en este momento todos los grandes sannyasins, los líderes espirituales, y el Comité Anfitrión Hindú, que tan intensamente han estado trabajando para el éxito del Parlamento religioso, hagan, al menos mentalmente, la siguiente promesa solemne:

"En todo tiempo y lugar trabajaremos firmemente por la paz y armonía del mundo entero, y para aliviar los sufrimientos de la humanidad. Que de este modo el gran propósito del *Sanâtana Dharma* se convierta en una realidad viviente. Y que estemos decididos a transmitir esta gran Verdad, y los principios esenciales de la vida, a todos los jóvenes del mundo. Ellos son las flores de las futuras generaciones que están a punto de abrirse y convertirse en la fragancia del mundo."

El Mensaje del Sanatana Dharma

El siguiente mensaje fue enviado por Amma para la revista "Reflexiones sobre el Hinduismo", que fue publicada por el Comité Anfitrión Hindú, para conmemorar el Parlamento de 1993.

La religión nos proporciona lo que el mundo nunca nos puede dar. ¿Qué es lo que más desea el hombre? ¿Qué es lo que esta más ausente en el mundo? ¿No es la paz? Falta la paz tanto en nuestro interior como en el exterior. Para vivir la vida con plenitud necesitamos paz. Y también necesitamos amor. La paz no es algo que sobreviene cuando se han satisfecho todos los deseos. Porque en tanto que exista la mente, los deseos seguirán surgiendo y los problemas seguirán existiendo. La paz es algo que se presenta cuando desaparecen todos los pensamientos y llegamos a trascender la mente.

En este estado trascendente, en el cual el yo individual se sumerge en la conciencia infinita, el mundo conceptual de las formas y los nombres deja de existir. Este es el corazón de la Filosofía Hindú del *Advaita* (No-dualidad). El hombre puede alcanzar el estado último de Perfección. De hecho, ésta es su verdadera naturaleza. Podemos preguntarnos por qué no nos damos cuenta de esta realidad. Esto se debe principalmente al apego obsesivo del hombre por los objetos externos del mundo. La ignorancia acerca de nuestra naturaleza real solamente puede desaparecer a través del verdadero conocimiento. Hay un solo camino para que este conocimiento se despierte en nosotros, y es realizar las prácticas espirituales bajo la guía de un Maestro Perfecto, alguien que esté eternamente establecido en este estado trascendente de paz y felicidad.

Una persona que está llena de paz está relajada. Nunca se encuentra ansiosa o agitada. Tampoco se lamenta de su pasado. Debido a su claridad de visión afronta todas las situaciones de la vida de forma serena e inteligente. Su mente y su visión no están perturbadas con pensamientos innecesarios. Puede tener problemas, como las demás personas, pero el modo como los afronta es totalmente diferente. Su actitud será diferente. Hay un encanto y una belleza especial en todo lo que hace. Incluso en las circunstancias más difíciles permanece imperturbable.

Es propio de la mente humana el ser inestable. Como el péndulo de un reloj, la mente siempre se está moviendo de un objeto a otro.

Su movimiento es constante. En un momento ama, y al instante siguiente puede sentir odio. Puede gustarle una cosa, y luego sentir aversión por esa misma cosa. El péndulo de la mente no puede parar, no puede estar quieto. A causa de este movimiento constante de la mente nos resulta imposible poder ver la base profunda de la existencia, que es estable e inmóvil, y que es la verdadera naturaleza de todo cuanto existe. El movimiento de la mente crea olas incesantes, y estas olas, estas hondas de pensamientos, oscurecen todas las cosas.

Cada pensamiento, cada sacudida emocional y cada deseo es como una piedra arrojada al lago de la mente. Y los pensamientos son como incesantes hondas en la superficie del agua. El movimiento de la superficie hace imposible que podamos ver con claridad a través del agua. Nunca permitimos que la mente se tranquilice. O estamos ansiosos por satisfacer un deseo, o sentimos cólera, envidia, amor u odio. Y si no pasa nada en el presente, los recuerdos del pasado comienzan a infiltrarse; experiencias agradables, recuerdos amargos, momentos de alegría, de pena, de venganza, siempre surgirá algo. Y tan pronto como el pasado se apacigua, viene el futuro con sus sueños y bellas promesas. Y así la mente siempre está en actividad constante. Siempre está ocupada, nunca en calma.

Lo que veis es solamente la superficie. Lo que se percibe son solamente las olas en la superficie. Y a causa del movimiento de la superficie, creéis erróneamente que el fondo también se mueve. Pero el fondo está quieto, no puede moverse. Vosotros superponéis el movimiento de la superficie, - esas hondas de pensamientos y emociones,- al fondo inmutable, a la base subyacente. El movimiento causado por las olas del pensamiento pertenece sólo a la superficie, pertenece a la mente. Para poder ver este fondo inmutable, la superficie tiene que estar quieta y silenciosa. Tienen que cesar las olas, el péndulo de la mente tiene que aquietarse. El alcanzar este estado de quietud y de paz es el propósito último de la religión.

Una vez que hayáis alcanzado este estado de quietud, podréis ver a través de la superficie. Ya no veréis las formas desfiguradas. Veréis la base real de la existencia, la Verdad. Y todas vuestras dudas desaparecerán. En ese momento os daréis cuenta que hasta entonces sólo habíais estado viendo sombras y fantasmas. La finalidad de la religión es que podáis ver la naturaleza real de cada cosa, al mismo tiempo que permanecéis constantemente anclados en la profundidad de vuestro Ser verdadero. En este estado desaparecen todas las diferencias y podéis ver a vuestro propio Ser brillando en y a través de todas las cosas.

El amor hacia la humanidad entera se despierta en aquél que ha experimentado la Verdad. Y en esta plenitud del Amor Divino es donde florece la bella y fragante flor de la compasión. La compasión no mira las debilidades de los demás. No hace distinción entre buenos y malos. La compasión no traza líneas divisorias entre dos países, dos creencias o dos religiones. La compasión no tiene ego. Por eso en ella no hay miedos, pasión o codicia. La compasión olvida y perdona. La compasión es como un pasaje; todas las cosas pasan a través de ella, pero nada se queda en ella. La compasión es el amor expresado en toda su plenitud.

Dios es Amor, es la fuerza de la vida que está detrás de la creación entera. En verdad es raro encontrar alguna religión que no considere el amor hacia todos los seres como el elemento supremo. Si las religiones se adhiriesen a este principio de amor, todas las diferencias que existen hoy en día se volverían insignificantes. Dios espera amor, fraternidad y cooperación entre sus hijos. Al insistir en sus diferencias superficiales, los hombres preparan el camino para su propia destrucción.

Se supone que la religión debe difundir la luz del Amor y de la Verdad en la humanidad. La religión no debe fomentar la separación. Hay una sola Suprema Verdad que resplandece a través de todas las religiones. La religión, contemplada con esta actitud, nos acerca cada vez más a la Suprema Verdad, nos ayuda a entendernos unos a otros, y conduce a la humanidad hacia la paz.

¿Cuánto tiempo vamos a vivir en este mundo? Nadie va a vivir para siempre. Cualquier cosa que reclamemos como nuestra es impermanente. Siendo esto así, ¿es razonable malgastar esta vida otorgada por Dios en perseguir metas limitadas? Los grandes maestros de todas las religiones proclaman inequívocamente que, por debajo de este mundo siempre cambiante, hay un substrato inmutable. Es por medio de la realización de la Verdad como podemos conseguir la inmortalidad. Esta es la finalidad última de la vida.

Las religiones deberían fomentar en las personas un fuerte deseo de buscar la vida eterna junto con una base firme de amor y de paz. Este es en verdad el servicio más grande que la religión puede ofrecer a la humanidad. El amor mutuo y la cooperación entre las religiones deberían ser de la máxima importancia en el mundo de hoy. Que el amor, la paz, la cooperación y la no-violencia sean los faros que iluminen nuestro camino hacia el siglo veintiuno.

Este es el mensaje esencial que la sucesión ininterrumpida de los grandes santos y sabios de la India, y que la religión eterna del Hinduismo (sanâtana dharma)—, ofrece al mundo entero.

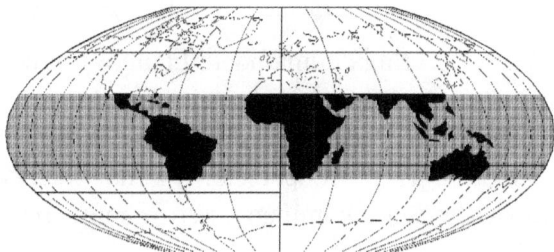

Hacia Una Ética Mundial

Las siguientes palabras constituyen la afirmación inicial de la Declaración de una Etica Mundial, una llamada en favor de los valores universales, la justicia y la compasión, firmada por la mayoría de los líderes espirituales que participaron en el Parlamento.

El mundo está en agonía. Esta agonía es tan amplia y tan urgente que nos sentimos obligados a enumerar sus manifestaciones, para que la gravedad del problema pueda ser bien comprendida. La paz se nos escapa, el planeta está siendo destruido, los vecinos viven atemorizados, mujeres y hombres se sienten como extraños unos a otros, y los niños mueren.

¡Todo esto es terrible! Condenamos los abusos contra el ecosistema de la Tierra. Condenamos la pobreza que ahoga el potencial de vida; el hambre que debilita el cuerpo humano; las diferencias económicas que amenazan a tantas familias con la ruina. Condenamos el desorden social de las naciones; el olvido de la justicia que conduce a muchos a la marginación; la anarquía que reina en nuestras comunidades; y la muerte injustificable de los niños por causa de la violencia. En particular condenamos la agresión y el odio provocados en nombre de la religión.

Estas tragedias no deberían existir. No deberían existir porque las bases para una ética mundial ya existen. Esta ética ofrece la posibilidad para un orden individual y social, que puede liberar a los individuos de la desesperación y a las sociedades del caos. Nosotros somos mujeres y hombres que hemos abrazado los preceptos y las prácticas de las religiones del mundo. Afirmamos que en las enseñanzas de las religiones existe un núcleo de valores comunes que forman la base de la ética mundial. Afirmamos que estas verdades ya son conocidas, pero hace falta que lleguen a ser algo vivo en los corazones y en las acciones. Afirmamos que existe una norma irrevocable e incondicional, válida para todas las áreas de la vida, para las familias, las comunidades, las razas, las naciones y las religiones. Existen ya antiguas orientaciones para el comportamiento humano, que se encuentran en todas las religiones del mundo, y que forman las condiciones básicas para un orden mundial duradero.

Somos interdependientes. Cada uno de nosotros dependemos del bienestar del conjunto, y por eso proclamamos el respeto por la comunidad de los seres vivos, de los hombres, animales y plantas, y también la protección de la Tierra, el aire, el agua y el suelo. Somos individualmente responsables por todo lo que hacemos. Todas nuestras decisiones, acciones y omisiones tienen sus consecuencias. Debemos tratar a los demás como queremos que los demás nos traten a nosotros. Nosotros adoptamos el compromiso formal de respetar la vida, la dignidad, la individualidad y diversidad de cada persona, de forma que todos sean tratados humanamente, sin excepción. Debemos ser pacientes y tolerantes. Debemos ser capaces de perdonar, aprendiendo del pasado, pero no permitiendo jamás que quedemos esclavizados con los recuerdos del odio. Abriendo nuestros corazones unos a otros, debemos acabar con nuestras diferencias particularistas en favor del bien de la comunidad mundial, y poner en práctica una cultura de solidaridad y relaciones correctas.

Consideramos a la humanidad como nuestra propia familia. Debemos esforzarnos por ser amables y generosos. No debemos vivir sólo para nosotros mismos, sino que debemos servir a los demás, no olvidando nunca a los niños, los ancianos, los pobres, las personas que sufren, los desvalidos, los refugiados, y los que se encuentran solos. Nadie debe ser considerado como una persona de segunda clase, ni ser explotado de cualquier manera que sea. Debe haber un compañerismo igual entre hombres y mujeres. No debemos cometer ninguna clase de inmoralidad sexual. Debemos suprimir toda forma de dominación y abuso.

Nos comprometemos con una cultura de no-violencia, respeto, justicia y paz. No debemos oprimir, injuriar, torturar o matar a ningún ser humano, desterrando la violencia como método de arreglar las diferencias.

Debemos esforzarnos por un orden que sea social y económicamente justo, en el cual todos tengan la misma oportunidad para alcanzar su pleno desarrollo como seres humanos. Debemos hablar y actuar con verdad y con compasión, tratando a todos con justicia, y evitando los prejuicios y el odio. No debemos robar. No debemos actuar movidos por el afán de dominio, poder, prestigio, dinero o consumo, a fin de que el mundo pueda llegar a ser un lugar de justicia y de paz.

El mundo no podrá cambiar y mejorar si antes no hay un cambio en la conciencia de los individuos. Nosotros nos comprometemos a aumentar nuestra conciencia por medio de la disciplina de nuestras mentes, de la meditación, de la oración y del pensamiento positivo. Sin la actitud de aceptar el riesgo de sacrificarnos no puede darse ningún cambio importante en nuestra situación. Por lo tanto, nosotros nos comprometemos con esta ética mundial, y con el propósito de promover el mutuo entendimiento y nuevos modos de vida, que sean socialmente beneficiosos, fomenten la paz, y tengan en cuenta la naturaleza. E invitamos a todas las personas, sean religiosas o no, a hacer lo mismo.

Nosotros, mujeres y hombres de varias religiones y de distintas regiones de la Tierra, nos dirigimos a todas las personas, religiosas o no-religiosas. Deseamos expresar las siguientes convicciones que mantenemos en común:

• Todos nosotros somos responsables en la tarea de conseguir un mejor orden mundial.

• Es absolutamente necesario nuestro compromiso en favor de los derechos humanos, de la libertad, la justicia, la paz, y la preservación de la Tierra.

• Nuestras diferentes religiones y tradiciones culturales no deben impedir nuestro compromiso conjunto para oponernos a toda clase de conducta inhumana, y para trabajar por un creciente humanismo.

• Los principios expresados en esta Etica Mundial pueden ser adoptados por cualquier persona de principios éticos, esté motivada por convicciones religiosas o no.

• En tanto que personas religiosas y espirituales, basamos nuestras vidas en la Realidad Ultima, y de ella sacamos la esperanza y el poder espiritual, a través de la fe, la oración, la meditación, la palabra y el silencio. Sentimos especial responsabilidad por el bienestar de toda la humanidad, y el cuidado del planeta Tierra. No nos consideramos mejores que los demás, mujeres u hombres, pero confiamos que la antigua sabiduría de nuestras religiones pueden indicarnos el camino acertado hacia el futuro. E invitamos a todos los hombres y mujeres, religiosos o no, a hacer lo mismo.

www.ingramcontent.com/pod-product-compliance
Lightning Source LLC
Chambersburg PA
CBHW070633050426
42450CB00011B/3178